AF402623

RÉFLEXIONS

DU PASSÉ SUR LE PRÉSENT

ET POUR L'AVENIR;

Recueillies d'après plusieurs ouvrages,

PAR UN ÉLECTEUR.

PARIS.

Imprimerie de LACRAMPE, passage du Caire, N° 128.

1830.

RÉFLEXIONS DU PASSÉ,

SUR LE PRÉSENT ET POUR L'AVENIR,

Par un Électeur.

Sans vouloir blesser les opinions, il me semble que l'on aurait pu retarder une chose de si haut intérêt pour la civilisation de la société, en France, qui rejaillira sur toute l'Europe, ce qui demande beaucoup de réflexions, tant du passé que du présent et de l'avenir.

Si l'abolition de la peine de mort est admise en France, nécessairement il faudra refaire un nouveau Code pénal, en entier, et le Code d'instruction criminelle. Il aurait été plus urgent d'avoir la loi départementale et communale, pour co-ordonner avec notre régénération nouvelle. Par cela, l'on n'entendrait pas des mots de certaines personnes, qui, je crois, n'ont aucune mauvaise intention. Mais une parole dite en public, se reporte et se propage, et souvent fait beaucoup de mal à la société : comme de dire que les Chambres veulent sauver les Ministres détenus pour les crimes qu'ils ont commis en faisant répandre le sang dans les rues de Paris, et tous les désastres qu'ils ont causés par les ordres qu'ils avaient reçus d'un maître qui les avait nommés et mis en place pour faire exécuter ses ordres, que l'on peut regarder comme venant du capitaine des Jésuites, chef associé à tout ce qu'il y a de plus barbare chez les nations sauvages.

Charles X a agi comme son confrère Charles IX, la ligue avait reparu en France, il en reste des racines qu'il faut extirper; le chef a été chassé, il faut pour que la France soit tranquille, que tout individu qui lui était attaché, soit par action, ou serment, le suive ou bien gardé à vue par la police; et pour plus de sûreté pour notre Gouvernement régénéré, il ne faut plus de couvens, car ces lieux ont toujours été le refuge de la malice, et le repaire des hommes attachés à la congrégation, dont le point central est à Rome, d'où, leur général donne l'ordre de ne reconnaître que son autorité. C'est pourquoi ils ne veulent pas obéir aux lois du pays qu'ils habitent.

Ils prêtent serment pour la forme et pour être à l'abri des soupçons sur leur conduite, ils prêtent un autre serment par intérêt et pour la place qu'ils occupent dans la société, et qui est le pire de tous ; car dans leurs conversations et même dans leurs sermons, ils disent aux personnes qui veulent bien les entendre, qu'il ne faut pas être attaché ici-bas aux biens de la terre ; que la vie est passagère et courte, que nous n'avons pas le temps de nous préparer à la mort, pour paraître devant Dieu, pour recevoir notre jugement selon nos actions.

O hommes trompeurs et menteurs, perfides, parjures et vindicatifs ! il n'y a pas d'hommes sur la terre qui soient plus attachés que vous aux dignités et aux biens de la terre. L'ambition et la superstition vous servent à gagner les esprits faibles, pour acquérir des richesses, et pour vivre dans l'opulence, et un luxe souvent déplacé, au lieu de faire du bien et soulager les pauvres dans leur misère. Comme ils se disent les Ministres de Jésus-Christ, ils devraient suivre ses maximes et sa vie, selon l'Évangile, qui est la base de sa conduite.

Il y a des prêtres impudiques par leur conduite, qui devraient plutôt renoncer à leur ministère, puisqu'ils dégradent la religion, si belle au fond, plutôt que de l'affermir par une vie pieuse, bâsée sur la vraie morale de la nature. Il serait juste et convenable, pour que la religion ne soit plus au rang des marchandises que l'on étale dans les boutiques, que les ministres de la religion, comme salariés du gouvernement, administrent tous les sacremens gratis, et les personnes pieuses et généreuses agiraient selon leur volonté, et l'on n'entendrait plus parler sur la conduite de certains, qui s'y refusent, s'ils ne reçoivent pas un salaire. Par le nouveau changement qui vient d'avoir lieu en France, il est nécessaire d'avoir une loi pour régir le haut et le bas clergé, à cause de leurs prétentions d'avoir l'ascendant sur les peuples, sur les rois et empereurs, comme de vouloir être au-dessus des lois, puisqu'ils vous disent qu'ils ne tiennent leur saint ministère que de Dieu et du Pape.

Il faut leur donner un revenu honnête pour vivre, mais qui ne soit pas superflu ; car de tout temps, plus ils recevaient d'argent, plus ils se disaient pauvres, pour amasser des richesses, pour travailler contre le Gouvernement et les gens qui les payaient.

Ainsi, comme je vais rapporter une anecdote qui est écrite dans les mémoires de M. Maurepas. Le Cardinal de Fleury, comme Ministre de Louis XIV, étant malade, dit au Roi avant de mourir : Ne faites jamais de Cardinaux Ministres, ils sont attachés à la cour de Rome, et les affaires ne peuvent qu'en souffrir. Un Français, un Espagnol, un Allemand, ne peuvent être cardinaux que du gré de toutes les puissances catholiques; et un ministre qui veut être cardinal, trahit toujours son roi pour sa calotte rouge, il est vendu à toutes les puissances; c'est pourquoi il ne faut pas d'hommes portant calotte ou mitre, près de notre gouvernement; qu'ils restent dans le ministère de la religion, avec une restriction convenable au temps présent. Pourquoi le clergé a-t-il une part si forte au budjet? Non content, les Conseils-Généraux des départemens ainsi que des communes, leur accorde des indemnités; trop de faiblesse pour des êtres qui voudraient en avoir de plus pour renverser nos institutions, et pour soudoyer des hommes faibles, pour troubler la société. On serait tenté de le croire, par le rapport de certains journaux, et, je n'en doute pas, que c'est le parti de quelque prêtre furibond avec le jésuitisme et toute la congrégation, qui cherche à tout bouleverser par rapport à leurs amis, les ex-ministres, qui ne voudraient pas qu'ils fussent jugés, crainte de quelques révélations sur leur compte; ce qui pourra arriver, vu qu'il y en a d'arrêtés qui sont en prison. C'est ce qui fera, et mettra au jour toute leur vie infâme; s'ils sont coupables, la loi prononcera. Pas de grâce pour des traîtres qui, de tout temps, ont travaillé contre le Gouvernement et contre le genre humain.

Pourquoi faire une si forte part au budjet, pour des Archevêques et Évêques, puisqu'ils sont les ennemis de nos institutions; la preuve en est dans quelques mandemens adressés au clergé de leur diocèse. A quoi sert le luxe qu'ils étalent aux yeux du public. Est-ce par dévotion, ou bien pour se faire respecter? Au contraire, ils dégra-

dent la religion par le luxe qu'ils y apportent, et ils mépri-
sent les œuvres de Jésus-Christ, par leur conduite. Puisqu'ils se disent ses ministres, qu'ils marchent donc dans
le chemin qu'il leur a tracé ; les lois nécessaires pour
maintenir les hommes dans le vrai chemin ont été faites
par des hommes à talens. Puisqu'il y a des hommes assez
méchans pour troubler la société, il faut les réprimer
par de bonnes lois.

Maintenant la France a un bon roi citoyen, bon père
de famille ; en acceptant la royauté, il a dit qu'il régnerait
avec les lois, et que la Charte serait une vérité, mot
sublime ; que tout Français doit se rallier à sa personne et
à tous les vrais amis de la liberté, pour purger cette belle
France de tous les mauvais sujets. Comme le Gouvernement de France ne veut pas se mêler des affaires des
autres Gouvernemens, il veut être maître chez lui.

Comme je vous le dis plus haut, qu'il faudrait une loi
pour régler la conduite du clergé de France. On pourrait
se dispenser d'être tributaire, vis-à-vis le Pape, que le
roi de France soit libre de nommer les hommes qu'il lui
plaira à un archevéché et évéché, en se concertant avec
le Ministre de l'instruction publique, sans l'approbation
du pape, système suivi jusqu'à présent, mais trop vicieux
pour la France, par rapport aux Jésuistes, et pour la
tranquilité de Paris, centre d'union. Pour la liberté et
pour toute la France, il faudrait faire un recencement
exact des personnes qui y résident ; connaître le nom de
chaque individu, l'âge, la profession et le numéro du
domicile. Les ouvriers doivent avoir un livret ; les étrangers, s'ils sont venus en France, munis d'un bon passe-
port en règle.

Les Français voyageant, seraient tenus de se conformer
à cet ordre ; vu les circonstances d'à-présent, et qu'il est
urgent d'y mettre ordre. Tous les honnêtes gens se disent
entre eux, quand serons-nous tranquilles ? Je dis que la
France sera tranquille, quand la justice aura purgé la
France des mauvais sujets qui souillent son sol et ses
libertés.

Ce n'est ni la haine, ni la vengeance, qui m'ont dicté
de mettre au jour le présent ; c'est l'amour et le bien de

mon pays. Enfin, je desire que l'ordre et la tranquillité règne par toute la France, et pour cela, il faut l'exécution des lois, qui sont le soutien des empires; il faut que tout fonctionnaire soit pénétré du serment qu'il a prêté, qui tient à l'honneur, et que la place qu'il a acceptée, il la remplisse avec fidélité et sans partialité.

Les hommes ont tous un intérêt personnel, mais l'intérêt général doit avoir la préférence; tout citoyen appelé à une fonction quelconque, doit la remplir avec délicatesse, et avec zèle et loyauté. Si son intérêt domine sur l'intérêt public, les affaires ne peuvent marcher; voilà comme la France a été placée, elle qui par son sol et sa fécondité, a poussé des racines qu'il faut déraciner, pour que les affaires aillent bien. Il y a long-temps que l'on demande de supprimer les cumuls, les sinécures, et une révision dans chaque administration.

Que chaque individu soit payé suivant son travail, que l'heure de l'entrée et de la sortie de chaque bureau, soit écrite au-dehors, pour la satisfaction du public et pour éviter de grandes courses; messieurs les chefs se soucient fort peu s'ils sont attendus.

Je ne peux rester sur le silence, après avoir lu le journal, de voir les mœurs de certains prêtres, dont je cite ici la conduite véridique, que tous les honnêtes gens mépriseront : 1º Un curé du diocèse de Versailles, arrondissement de Mantes, le premier dimanche de carême, à la messe, faisant son prône, dit à ses paroissiens : M. T. C. F., comme nous entrons dans le saint temps du carême, il faut faire pénitence et faire un jeûne qui plaise à Dieu, et pour arriver à cette fin, il faut vous abstenir et vous priver des choses qui vous flattent le plus; il faudrait que les hommes ne couchent pas avec leurs femmes; s'ils y couchent, et s'il leur prend des envies, qu'ils se lèvent et qu'ils se promènent. A ce discours, beaucoup de personnes sont sorties de l'église, et elles n'y sont revenues que machnialement; et depuis, ce prêtre est malregardé de ses paroissiens, et en apprenant la révolution dernière, il a pris la fuite de chez lui.

Un autre, du même arrondissement, le 18 juillet 1830, en faisant son prône, a invité ses paroissiens à retarder de quinze jours les moissons, dans son intérêt, puisqu'il avait préparé son grenier pour y mettre la dîme qu'il croyait être assurée, sans les mémorables journées de juillet, qui ont renversé le trône, et toutes les prétentions des jésuites. Un autre, qui s'est absenté de chez lui, de peur qu'il ne lui arrivât quelque chose de désagréable. Un autre, qui ne veut pas dire la messe, à l'église paroissiale, à cause qu'il y a un drapeau national attaché à la voûte. Il y en a de trop sur le chapitre des prêtres, il suffit de dire que le gouvernement de Charles X, c'est-à-dire, ses ministres; et le roi comme chef, ayant donné l'ordre à toutes leurs créatures, dans toute la France, d'agir de de sévérité contre les personnes attachées à la Charte, la preuve en est, par la poursuite et la tradition des journaux constitutionnels devant les tribunaux correctionnels, car une grande partie des procureurs du roi parjure, et une grande partie des prêtres, et surtout des communes, des provinces, avaient reçu l'ordre de seconder les ordres du roi, émanés des ministres; ensuite, les préfets et sous-préfets et beaucoup de maires, il ne faut pas oublier les juges des tribunaux.

En général, la France était gangrénée du jésuitisme, plein d'une bile noire qu'il faut purger au plus vite. Que tous les hommes qui occupent une place dans le Gouvernement actuel, qui prêtent serment avec restriction, il faut s'en méfier, vu qu'ils ont une arrière-pensée, puisqu'ils plaignent le sort de leur ci-devant maître. S'ils ont tant d'amitié pour lui, qu'ils le suivent et la France sera débarrassée.

Charles X devrait être avec ses ministres, comme chef et auteur du sang répandu dans les rues de Paris.

Le ci-devant roi n'a pas même ce qu'il mérite, par la conduite qu'il a tenue en entrant dans le monde; elle a été toute dépravée, et en dilapidant l'argent du trésor avec ses complices, c'est ce qui a amené la révolution de 1789. En quittant la France, de concert avec son frère, ils ont tenu à Coblentz une cour composée de tous les émigrés français; en 1792, ils ont conspiré contre la France, en engageant la Prusse et l'Autriche, à entrer en France avec une armée, pour briser tout ce qui s'opposerait à leur résistance, chose qu'ils ont accomplie en premier, car la Lorraine et une partie de la Champagne ont eu à souffrir, heureusement du côté de la Croix-aux-Bois et Granprez et à Volney, ils ont été repoussés et ils ont repris leur chemin de départ pour partage.

Nou content, toute leur conduite a été la cause de la fin des jours de leur frère Louis XVI. De plus, ils sont les auteurs des maux qui ont désolé et ravagé, et le sang répandu dans les départemens de l'Ouest, à Quiberon et autres. Enfin, ils n'ont rien fait de bien, ils ont toujours été portés au mal, en faisant agir par autrui.

En 1814, lorsque les étrangers les ont ramenés en France, et comme l'a dit un franc honnête homme, c'est le malheur de la France ! Mais il y a des circonstances dont il faut accommoder.

Louis XVIII, fin et malin, de concert avec ses créatures, donna une Charte constitutionnelle, à son profit, puisqu'elle représentait le pouvoir absolu, puisqu'il s'était réservé des prérogatives qui ne pouvaient exister avec le le gouvernement représentatif ; il y avait trop de vices dans plusieurs articles, et pourtant, quoique vicieuse en tous points, le peuple français et ses représentans demandaient que cette Charte soit exécutée, et si il n'y avait pas eu dérogation, les choses en seraient restées comme elles étaient avant la révolution de juillet 1830.

Il ne faut pas être surpris sur la conduite de deux têtes qui ont gouverné la France depuis quinze ans : Premièrement, faute grave et indécente de la part de Louis XVIII, en entrant en France, à la porté de la capitale, il dit qu'il ne tenait sa couronne que de Dieu et des Anglais ; il pouvait dire la place, au lieu de couronne, car couronne n'a jamais été sur sa tête. Cela ne convient pas aux parjures, ni à ceux qui veulent gouverner en despotes.

Depuis 1815, il y avait deux têtes pour gouverner la France, et assez souvent elles n'étaient pas d'accord, puisque un jour Louis XVIII dit à son frère qu'il voulait aller trop vite, le temps nous reste, (et les choses) ; il y a eu de leur part toujours des arrières pensées, qui depuis leur gouvernail, presque tous les ministres, aussitôt qu'ils avaient descendu les marches du Louvre, ce n'était plus les mêmes hommes, puisque les ministres ont toujours été choisis dans la classe opulente et riche. En acceptant une telle place, ils devraient mettre leurs mains sur leur cœur et faire usage de leur conscience et renoncer à tout ce qui serait contraire aux lois, au peuple et à la place qu'ils ont acceptée. L'honneur est tout pour l'homme probe et désintéressé et pouvant vivre indépendant ; mais les hommes ambitieux ne peuvent vivre tranquilles qu'en acceptant une place du haut rang, ou une dignité, qui souvent leur fait perdre un honneur qu'ils auraient conservé dans la société, en se contentant de leur avoir ; tous les hommes doivent être utiles pour le bien de son pays. Mais il y a des circonstances qu'il faut savoir se restreindre pour le bien de la France. Voici bientôt le jour que la Chambre des Députés va recommencer ses travaux. Le travail le plus pressant est la loi départementale et communale, pour que toutes les communes soient bien administrées, pour commencer l'année 1831, ainsi que toutes les administrations. Choisir des hommes capables de faire marcher le char de notre régénération dans le bon chemin, et qu'une bonne harmonie règne entre tous les hommes en France, comme des frères et amis : voilà ma profession de foi.

D......, Électeur, propriétaire.

P. S. S'il y avait une loi sur le clergé, il faudrait que la cotte-part qu'ils reçoivent du Gouvernement fût proportionnée à la population du lieu où ils exercent leur ministère. Plus la population est grande, plus il y a d'émolumens, qui souvent ne font pas l'aumône aux pauvres. Pour qu'ils n'aient plus d'ascendant dans les bureaux de bienfaisance des paroisses, il faut les supprimer de cette charge, et que cette charge soit remise dans des mains d'hommes sages et vertueux, délicats, et surtout, quand il s'agit de soulager les malheureux.

Beaucoup de prêtres ont refusé la sépulture à plusieurs personnes, pour cause qu'elles ne fréquentaient pas assez les églises, ni n'entendaient pas leurs sermons, ni ceux des missionnaires ; se croyant maîtres de leurs églises et du cimetière, comme s'il leur appartenait, tandis que les églises et les cimetières appartiennent aux habitans, qui y ont leur domicile, et qui doivent être régis par l'autorité civile, de concert avec les membres du conseil des communes.

QU'EST-CE QU'UN SOUVERAIN
ÉCLAIRÉ ?

Un souverain éclairé est celui qui connaît ses véritables intérêts : il sait qu'ils sont liés à ceux de sa nation ; il sait qu'un prince ne peut être ni grand, ni puissant, ni cher, ni considéré, tant qu'il ne commandera qu'à des esclaves misérables ; il sait que l'équité, la bienfaisance, la vigilance, lui donneront sur les hommes des droits bien plus réels que des titres fabuleux que l'on fait descendre du ciel ; il sentira que la religion n'est utile qu'aux prêtres, qu'elle est inutile à la société, que souvent elle la trouble, qu'il faut la contenir, pour l'empêcher de nuire ; enfin, il reconnaîtra que pour régner avec gloire, il faut faire de bonnes lois et montrer des vertus, et non pas fonder sa puissance sur des impostures et des chimères. Qu'il apprenne à régner, qu'il apprenne à être juste, à respecter les droits des peuples, à reconnaître les bienfaits des nations desquelles il tient sa grandeur et son pouvoir ; qu'il apprenne à craindre les hommes, à se soumettre aux lois de l'équité ; que personne ne puisse les franchir sans périls, que ces lois contiennent également le puissant et et le faible, les grands et les petits, le souverain et les sujets.

On nous vante sans cesse les avantages immenses que la religion procure à la politique ; mais, pour peu que l'on réfléchisse, on reconnaîtra sans peine que les opinions religieuses aveuglent également et les souverains et les peuples, et ne les éclairent jamais, ni sur leurs vrais devoirs, ni sur leurs vrais intérêts. La religion ne forme que trop souvent des despotes licencieux et sans mœurs, obéis par des esclaves, que tout oblige de se conformer à leurs vues, faute d'avoir médité ou connu les vrais principes de l'administration, le but et les droits de la vie sociale, les intérêts réels des hommes et les devoirs qui les lient ; les princes sont presqu'en tous pays devenus licencieux, absolus et pervers, et leurs sujets abjects, malheureux et méchans.

Ce fut pour s'épargner le soin d'étudier ces objets importans, que l'on se crut obligé de recourir à des chimères, qui jusqu'ici, bien loin de remédier à rien, n'ont fait que multiplier les maux du genre humain, et le détourner des choses intéressantes pour lui.—La façon injuste et cruelle, dont tant de nations sont gouvernées ici-bas, ne fournit-elle pas visiblement une des preuves des plus fortes; non-seulement du peu d'effet que produit la crainte d'une autre vie, mais encore de la non-existence d'une providence qui s'intéresse au sort de la race humaine. Il semblerait que Dieu n'a créé les nations, que pour être les jouets des passions et des folies de ses représentans sur la terre.

Princes! Au lieu de prendre part aux combats insensés de vos prêtres, au lieu d'épouser follement leurs querelles impertinentes, au lieu de prétendre soumettre tous vos sujets à des opinions uniformes, occupez-vous de leur bonheur en ce monde, et ne vous inquiétez pas du sort qui les attend dans un autre. Gouvernez-les équitablement, donnez-leur de bonnes lois, respectez leur liberté et leur propriété, veillez à leur éducation, encouragez-les dans leurs travaux, récompensez leurs talens et leurs vertus; réprimez la licence et ne vous occupez pas de leur façon de penser sur des objets inutiles et pour eux et pour vous. Alors vous n'aurez plus besoin de fictions pour vous faire obéir, vous deviendrez le seul guide de vos sujets; leurs idées seront uniformes sur les sentimens d'amour et de respect qui vous seront dus. Les fables théologiques ne sont utiles qu'aux tyrans qui méconnaissent l'art de régner sur des êtres raisonnables.

Pour que la France soit libre, il faut supprimer totalement les relations avec le Pape et ses successeurs. Que les chefs des Gouvernemens catholiques, nomment les chefs pour gouverner la religion. Et pour économiser le trésor, il ne faut pas les rendre ou faire trop riches. C'est un mal qui est enraciné dans le haut clergé, depuis des siècles, qui, plus ils sont riches, plus ils sont audacieux.

Laissez au moins, nous dira-t-on, subsister l'idée d'un Dieu, qui seul peut servir de frein aux passions des rois.

Mais, en bonne foi, pouvons-nous admirer les effets merveilleux que la crainte de Dieu produit, pour l'ordinaire, sur l'esprit des princes, qui se disent son image? Quelle idée se faire de l'original, si l'on en juge par ses copies. Les souverains, il est vrai, se disent les représentans de Dieu, ses lieutenans sur la terre. Mais la crainte d'un maître plus puissant qu'eux les engage-t-elle à s'occuper sérieusement du bien-être des peuples que la providence a confiés à leurs soins? La terreur prétendue que devrait leur inspirer l'idée d'un juge invisible, à qui seul ils se prétendent comptables de leurs actions, les rend-elle plus équitables, plus humains, moins avares du sang et des biens de leurs sujets, plus modérés dans leurs plaisirs, plus attentifs à leurs devoirs? Enfin, ce Dieu par lequel on assure que les rois règnent, les empêche-t-il de vexer de mille manières les peuples dont ils devraient être les conducteurs, les protecteurs et les pères? Que l'on ouvre les yeux, que l'on promène ses regards sur toute la terre; et l'on verra presque partout les hommes gouvernés par des tyrans, qui ne se servent de la religion que pour abrutir davantage les esclaves qu'ils accablent sous le poids de leurs vices, ou qu'ils sacrifient sans pitié à leurs fatales extravagances.

Loin de servir de frein aux passions des rois, la religion, par ses principes mêmes, leur met évidemment la bride sur le cou, elle les transforme en des divinités, aux caprices desquelles il n'est jamais permis aux nations de résister. En même temps qu'elle déchaîne les princes et brise pour eux les liens du pacte social, elle s'efforce d'enchaîner les esprits et les mains des sujets qu'elle opprime. Est-il donc surprenant que les dieux de la terre se croient tout permis, et ne regardent leurs sujets, que comme les vils instrumens de leurs caprices ou de leur ambition?

La religion a fait, en tous pays, du monarque de la nature, un tyran cruel, fantasque, partial, dont le caprice fait la règle. Le Dieu-monarque n'est que trop bien imité par ses représentans sur la terre; partout la religion ne semble imaginée que pour endormir les peuples dans les fers, afin de fournir à leurs maîtres la facilité de les dévorer, ou de les rendre impunément malheureux.

Quant on se croit fort, on se croit dispensé d'être sage; les révolutions ne sont venues que par cette étourderie des soi-disant grands esprits, et qui sont tombés dans le gouffre avec tous les autres; les tyrans de la pensée sont les plus odieux des hommes, parce qu'on les regarde comme les ennemis de l'espèce humaine, dont ils voudraient retarder les progrès. Ils dégradent autant qu'il dépend d'eux les chefs-d'œuvre de la nature.

Comme je vous le rapporte plus haut, Charles X a voulu renouveler une Saint-Barthélemy; comme Charles IX, il connaissait peu l'esprit du peuple Français, par son ignorance ou malice qu'il voulait mettre à l'épreuve. Ce même peuple lui a fait voir qu'il était indigne de gouverner un peuple brave et généreux, et qui ne souffrirait pas qu'on le fît retomber dans l'esclavage, et qu'il périrait plutôt pour soutenir sa liberté.

Tous les bons Français seront toujours unis ensemble pour soutenir et maintenir la Charte, telle que nous l'avons aujourd'hui, et toutes les lois constitutionnelles et le roi citoyen qu'ils ont choisi pour gouverner la France; ils savent que l'union fait la force.

Tout Gouvernement qui laisse établir dans ses états toutes ces compagnies dites de Jésus, de St.-Joseph, du Sacré-Cœur, de la Foi, etc., sont autant d'ennemis jurés contre leurs souverains. Sous le masque de la religion, ils s'insinuent, ou par des émissaires, à connaître jusqu'au plus secrètes pensées des premières personnes attachées aux souverains, pour savoir et connaître toute la politique et les relations des cabinets. Ces congrégations et ces maisons se sont formées pour rétablir, soi-disant, la vraie religion de Dieu, qu'ils disaient être perdue et opprimée.

Aujourd'hui nous voyons, et dans tous les temps, que ces mêmes hommes ont souillé et dégradé les vrais principes de l'évangile, par leur conduite déréglée; il faudrait avoir peu de lumières, pour ne pas apercevoir dans leurs discours et leurs sermons, qu'ils traitent les Français de révolutionnaires, d'athées et de mécréans, et que la religion est perdue, ainsi que les mœurs.

Nous leur dirons que tous les vrais Français, ont été et

seront toujours unis, francs et sincères, professant leur
culte avec respect. Obéissance et modestie pour le créa-
teur de l'univers et de toutes les choses visibles et invisibles
à nos yeux; les Français sont humains vis-à-vis leurs
semblables, généreux en venant au secours des malheureux, et même, offrent l'hospitalité aux étrangers.

Les Français doivent se méfier d'une certaine classe
d'hommes qui ont toujours et assez souvent dans la bou-
che, les mots : morale, religion, mœurs, et ils se vantent
d'être bons chrétiens, le clergé ne sait pas ce qu'un vain
peuple pense, que leur crédulité est toute leur science, et
toutes les personnes qui donnent dans leurs piéges, sont
autant de fourbes qui voudraient assujettir les peuples
à l'ignorance, pour se rendre maîtres de leur existence
et de leurs consciences.

O hommes imprudens ! comment oserez-vous paraître
dans la société ! Vous avez violé le serment que vous avez
prêté pour exercer une fonction religieuse, ou d'autres, etc. Comme vous vous déclarez être les ministres
de Dieu, ouvrez le livre de l'évangile, vous y trouverez
votre jugement sans appel ; lisez l'évangile du dix-sep-
tième dimanche après la Pentecôte, vous y verrez la ré-
ponse que Jésus-Christ fit à un docteur de la loi, et vous
pourrez dire votre *meâ culpâ*.

Le christianisme ne s'est répandu qu'en promettant le
despotisme ! Pour peu qu'on lise l'histoire avec quelque
attention, on verra que le christianisme, rampant d'abord,
ne s'est insinué chez les nations sauvages et libres de
l'Europe, qu'en faisant entrevoir à leurs chefs que ces
principes religieux favorisaient le despotisme et mettaient
un pouvoir absolu dans leurs mains.

Nous voyons, en conséquence, des princes barbares
se convertir avec une promptitude miraculeuse ; c'est-à-
dire, adopter sans examen un système si favorable à leur
ambition, et mettre tout en usage pour le faire embrasser
à leurs sujets.

Si les ministres de cette religion ont souvent dérogé
depuis à leurs principes serviles, c'est que la théorie
n'influe sur la conduite des ministres du Seigneur, que
lorsqu'elle s'accommode avec leurs intérêts temporels. Les

christianisme se vante d'avoir apporté aux hommes un bonheur inconnu des siècles précédens; il est vrai que les Grecs n'ont point connu les droits divins des tyrans ou des usurpateurs des droits de la patrie. Sous le paganisme, il n'était jamais entré dans la tête de personne, que le ciel ne voulait pas qu'une nation se défendît contre une bête féroce qui la ravage insolemment. La religion des chrétiens imagina de mettre les tyrans en sûreté, et posa pour principe, que les peuples devaient renoncer à la défense d'eux-mêmes. Ainsi, les nations chrétiennes sont privées de la première loi de la nature, qui veut que l'homme résiste au mal, et désarme quiconque s'apprête à le détruire.

Si les ministres de l'église ont souvent permis aux peuples de se révolter pour la cause du ciel, jamais ils ne leur permirent de se révolter pour des maux très-réels, ou des violences connues. C'est du ciel que sont venus les fers dont on se sert pour enchaîner les esprits des mortels.

Pourquoi le mahométan est-il partout esclave? C'est que son prophète le subjugua au nom de la divinité; comme, avant lui, Moïse avait dompté les Juifs. Dans toutes les parties de la terre, nous voyons que les premiers législateurs furent les premiers souverains et les premiers prêtres des sauvages auxquels ils donnèrent des lois.

La religion ne semble imaginée que pour élever les princes au-dessus de leurs nations et leur livrer les peuples à discrétion. Dès que ceux-ci se trouvent bien malheureux ici-bas, on les fait taire en les menaçant de la colère de Dieu : on fixe leurs yeux sur le ciel, afin de les empêcher d'apercevoir les vraies causes de leurs maux, et d'y appliquer les remèdes que la nature leur présente.

Les principes religieux ont pour but unique d'éterniser la tyrannie des rois et de leur sacrifier les nations, à force de répéter aux hommes que la terre n'est point leur vraie patrie, que la vie présente n'est qu'un passage, que leurs souverains ne tiennent leur autorité que de Dieu seul, et ne doivent compte qu'à lui seul de l'abus qu'ils en font, qu'il n'est jamais permis de leur résister, etc.

On est parvenu à éterniser l'inconduite des rois et les malheurs des peuples; les intérêts des nations ont été lâchement sacrifiés à leurs chefs; plus on considère les dogmes et les principes religieux, plus on sera convaincu qu'ils ont pour but unique l'avantage de tyrans et des prêtres, sans jamais avoir égard à celui des sociétés. Pour masquer l'impuissance de ses dieux sourds, la religion est parvenue à faire croire aux mortels que ce sont toujours les iniquités qui allument le courroux des cieux. Les peuples ne s'en prennent qu'à eux-mêmes des infortunes et des revers qu'ils éprouvent à tout moment.

Si la nature en désordre fait quelquefois sentir ses coups aux nations, leurs mauvais gouvernemens ne sont que trop souvent les causes immédiates et permanentes d'où partent les calamités continuelles qu'elles sont forcées d'essuyer.

N'est-ce pas à l'ambition des rois et des grands, à leur négligence, à leurs vices, à leurs oppressions, que sont dus pour l'ordinaire les stérilités, la mendicité, les guerres, les contagions, les mauvaises mœurs, et tous les fléaux multipliés qui désolent la terre.

En fixant continuellement les yeux des hommes sur les cieux, en leur faisant croire que tous leurs maux sont dus à la colère divine, en ne leur fournissant que des moyens inefficaces et futiles pour faire cesser leurs peines, on dirait que les prêtres n'ont eu pour objet que d'empêcher les nations de songer aux vraies sources de leurs misères et se sont proposé de les rendre éternelles? Les ministres de la religion se conduisent à peu près comme ces mères indigentes qui, faute de pain, endorment leurs enfans affamés, par des chansons, ou qui leur présentent des jouets pour leur faire oublier le besoin qui les tourmente.

Aveuglés dès l'enfance par l'erreur, retenus par les liens invisibles de l'opinion, écrasés par des terreurs paniques, engourdis au sein de l'ignorance, comment les peuples connaîtraient-ils les vraies causes de leurs peines? Ils croient y remédier en invoquant les dieux. Hélas! ne voient-ils pas que c'est au nom de ces dieux, qu'on leur ordonne de présenter la gorge au glaive de leurs tyrans impitoyables, dans lesquels ils trouveraient la cause très-visible des maux dont ils gémissent, et pour lesquels ils ne cessent d'implorer inutilement l'assistance du ciel.

Peuples crédules ! dans vos infortunes, redoublez vos prières, vos offrandes, vos sacrifices ; assiégez vos temples, égorgez des victimes sans nombre, jeûnez dans le sac et sur la cendre ; abreuvez-vous de vos propres larmes, achevez surtout de vous épuiser pour enrichir vos dieux : vous ne ferez qu'enrichir leurs prêtres ; les dieux du ciel ne vous seront propices, que quand les dieux de la terre reconnaîtront qu'ils sont des hommes comme vous, et donneront à votre bien-être les soins qui vous sont dus.

Combien il est funeste de persuader aux rois que Dieu seul est à craindre pour eux, lorsqu'ils nuisent aux peuples.

Des princes négligens, ambitieux et pervers, sont les causes réelles des malheurs publics ; des guerres inutiles, injustes, réitérées, dépeuplent la terre ; des gouvernemens avides et despotiques anéantissent pour les hommes les bienfaits de la nature ; la rapacité des cours décourage l'agriculture, éteint l'industrie, fait naître la disette ; la contagion, la misère. Le ciel n'est ni cruel, ni favorable aux vœux des peuples : ce sont leurs chefs orgueilleux, qui ont presque toujours un cœur d'airain.

C'est une opinion destructive pour la saine politique et pour les mœurs des princes, que de leur persuader que Dieu seul est à craindre pour eux, quand ils nuisent à leurs sujets, ou quand ils négligent de les rendre heureux. Souverains, ce ne sont point les dieux, mais vos peuples que vous offensez, quand vous faites le mal ; c'est à ces peuples, et par contre-coup, à vous-mêmes, que vous faites du mal, quand vous gouvernez injustement.

Rien de plus commun dans l'histoire, que de voir des tyrans religieux, rien de plus rare que d'y trouver des princes équitables, vigilans, éclairés. Un monarque peut être pieux, exact à remplir servilement les devoirs de sa religion, très-soumis à ses prêtres, libéral à leur égard, et se trouver en même temps dépourvu de toutes les vertus et de tous les talens nécessaires pour gouverner. La religion, pour les princes, n'est qu'un instrument destiné à tenir les peuples plus fortement sous le joug. D'après les beaux principes de la morale religieuse, un tyran qui, pendant un long règne, n'aura fait qu'opprimer ses peuples et sujets, leur arracher les fruits de leurs travaux, les immoler sans pitié à son ambition insatiable ; un conquérant qui aura usurpé les provinces des autres, qui aura fait égorger des nations entières, qui aura été toute sa vie un vrai fléau du genre humain, s'imagine que sa conscience peut se tranquilliser, quand, pour expier tant de forfaits, il aura pleuré aux pieds d'un prêtre, qui aura communément la lâche complaisance de consoler et de rassurer un brigand, que le plus affreux désespoir punirait trop faiblement du mal qu'il a fait à la terre.

Un roi dévot est un fléau pour un royaume. Un souverain sincèrement dévot est communément un chef très-dangereux pour un état ; la crédulité suppose toujours un esprit rétréci ; la dévotion absorbe, pour l'ordinaire, l'attention que le prince devrait donner au gouvernement de son peuple. Docile aux suggestions de ses prêtres, il devient à tout moment le jouet de leurs caprices, le fantôme de leurs querelles, l'instrument et le complice de leurs folies, auxquelles il attache la plus grande valeur.

Parmi les plus funestes présens que la religion ait faits au monde, on doit surtout compter ces monarques dévots et zélés qui, dans l'idée de travailler au salut de leurs sujets, se sont fait un devoir de tourmenter, de persécuter et de détruire ceux que leur conscience faisait penser autrement qu'eux. Un dévot, à la tête d'un empire, est un des plus grands fléaux que le ciel dans sa fureur puisse donner à la terre. Un seul prêtre fanatique ou fripon, qui à l'oreille d'un prince crédule et puissant, suffit pour mettre un état en désordre, et l'univers en combustion.

Dans presque tous les pays, des prêtres et des dévots sont chargés de former et l'esprit et le cœur des jeunes princes destinés à gouverner les nations. Quelles lumières peuvent avoir des instituteurs de cette trempe ? De quels intérêts peuvent-ils être animés ? Remplis eux-mêmes de préjugés, ils montreront à leur élève la superstition, comme la chose la plus importante et la plus sacrée; ses devoirs chimériques, comme les plus saints devoirs, l'intolérance et l'esprit persécuteur, comme les vrais fondemens de son autorité future; ils tâcheront d'en faire un chef de parti, un fanatique turbulent, un tyran; ils étoufferont de bonne heure la raison en lui; ils le prémuniront contr'elle; ils empêcheront la vérité de pénétrer jusqu'à lui; ils l'envenimeront contre les vrais talens, et les préviendront en faveur des talens méprisables; enfin, ils en feront un dévot imbécile, qui n'aura aucune idée, ni du juste, ni de l'injuste, ni de la vraie gloire, ni de la vraie grandeur, et qui sera dépourvu des lumières et des vertus nécessaires au gouvernement d'un grand état. Voilà, en abrégé, le plan de l'éducation d'un enfant destiné à faire un jour le bonheur ou le malheur de plusieurs millions d'hommes. Un despote est un insensé qui se nuit à lui-même et s'endort sur un précipice.

Les prêtres se sont montrés en tout temps les fauteurs du despotisme et les ennemis de la liberté publique; leur métier exige des esclaves avilis et soumis, qui jamais n'aient l'audace de raisonner. Dans un gouvernement absolu, il ne s'agit que de s'emparer de l'esprit d'un prince faible et stupide pour se rendre maîtres des peuples. Au lieu de conduire les peuples au salut, les prêtres les ont toujours conduits à la servitude.

En faveur des titres surnaturels que la religion a forgés pour les plus mauvais princes, ceux-ci se sont communément ligués avec les prêtres qui, sûrs de régner par l'opinion sur le souverain lui-même, se sont chargés de lier les mains des peuples et de les tenir sous le joug. Mais c'est envain que le tyran, couvert de l'égide de la religion, se flatte d'être à l'abri de tous les coups du sort; l'opinion est un faible rempart contre le désespoir des peuples. D'ailleurs, le prêtre n'est l'ami du tyran que tant qu'il trouve son compte à la tyrannie; il prêche la sédition et démolit l'idole qu'il a faite, quand il ne la trouve plus assez conforme aux intérêts du ciel, qu'il fait parler quand il lui plaît, et qui ne parle jamais que suivant ses intérêts.

On nous dira sans doute que le souverain, connaissant tout l'avantage que la religion leur procure, se trouve vraiment intéressé à la soutenir de toutes leurs forces. Si les opinions religieuses sont utiles aux tyrans, il est très-évident qu'elles sont inutiles à ceux qui gouvernent suivant les lois de la raison et de l'équité. Y a-t-il donc de l'avantage à exercer la tyrannie? Les princes sont-ils donc véritablement intéressés à être des tyrans, la tyrannie ne les prive-t-elle pas de la vraie puissance, de l'amour des peuples, de toute sûreté. Tout prince raisonnable ne devrait-il pas s'apercevoir que le despote est un insensé, qui ne fait que nuire à lui-même? Tout prince éclairé ne doit-il pas se défier des flatteurs, dont l'objet est de l'endormir sur le bord du précipice qu'ils ouvrent sous ses pas. La religion favorise les égaremens des princes en les délivrant de la crainte et des remords.

Si les flatteries sacerdotales réussissent à pervertir les princes et à les changer en tyrans, les tyrans de leur côté corrompent nécessairement et les grands et les peuples. Sous un maître injuste, sans bonté, sans vertu, qui ne connaît d'autre loi que son caprice, il faut nécessairement qu'une nation se déprave. Ce maître voudra-t-il, auprès de sa personne, des hommes honnêtes, éclairés, vertueux? Non, il ne lui faut que des flatteurs, des approbateurs, des imitateurs, des esclaves, des âmes basses et serviles qui se prêtent à ses goûts; sa cour propagera la contagion du vice dans les ordres inférieurs.

De proche en proche, tout se corrompra nécessairement, dans un état dont le chef sera corrompu. On a dit, il y a long-temps, que les princes semblent ordonner de faire tout ce qu'ils font eux-mêmes.

La religion, loin d'être un frein pour les souverains, les a mis à portée de se livrer sans crainte et sans remords à des égaremens aussi funestes, pour eux-mêmes, que pour les nations qu'ils gouvernent. Ce n'est jamais impunément que l'on trompe les hommes. Dites à un prince qu'il est un dieu, bientôt il croira qu'il ne doit rien à personne. Pourvu qu'on le craigne, il se souciera peu d'être aimé, il ne connaîtra ni règles, ni rapports avec ses sujets, ni devoirs à leur égard. Dites à ce prince qu'il ne doit compte de ses actions qu'à Dieu seul, et bientôt il agira comme s'il n'en devait compte à personne.

C'est ce que Charles X a fait, en prenant de mauvais ministres pour conseil. Ils l'ont perdu ainsi que son trône, et chassé de la terre de la liberté. Le peuple Français ne consentira jamais à être gouverné par un despote. Un chef despote, à mesure qu'il avance, creuse la terre sous ses pas, et finit par tomber dans le précipice qui l'engloutit.

Un gouvernement est fort, quand les lois sont exécutées. Il fait le bonheur du peuple, et la société s'empresse de l'aimer et de lui marquer toute la reconnaissance de son règne.

D......

PRIÈRES.

Mon Dieu ! je vous remercie de toutes vos bontés, d'avoir donné la force et le courage à la brave population de Paris de vaincre nos ennemis, d'avoir renversé et chassé la tyrannie qui nous opprimait depuis trop long-temps. Pour nous et pour toute la France, mes vœux et ma prière vous sont adressés à l'effet d'obtenir qu'ils ne reviennent jamais souiller la terre et le sol de la liberté !

Mon Dieu ! permettez-nous de vous offrir toute notre reconnaissance ; car enfin, que ne vous devons-nous pas ? peut-on demander une plus belle moisson ? Le duc d'Orléans *a récolté* pour notre satisfaction, les Parisiens *ont battu* et Charles X *a vanné.*

ÉPIGRAMME.

Au Louvre, Charles IX osa d'une fenêtre,
Fusiller des sujets pour la gloire de Dieu.
Charles X moins hardi, mais plus traître,
Les fait massacrer dans les rues de Paris, puis il leur dit adieu :
Misérable jouet d'un Clergé fanatique,
L'un d'eux, Carolus, le vieux Roland des bois,
Pour n'avoir pas chassé Polignac et sa clique,
Est chassé de Paris pour la troisième fois.

ERRATA.

Page 6, ligne 24, *les* juges, *lisez* des juges.
Page 7, ligne 4, *Volney, lisez* Valmy.